개시피

일러두기

- 《개시피》에 실린 모든 레시피는 칩(5kg)과 뽀(5.5kg)를 기준으로 한 분량입니다.
  반려견의 체중과 체질에 따라 재료나 분량을 가감하여 만들어 급여해주세요.

- 표지 사진의 무화과는 반려 동물과 사람이 함께하는 테이블 연출을 위한 소품입니다.
  무화과를 강아지에게 먹이는 것은 추천하지 않습니다.

개시피

나의 친구,
강아지를 위한
힘센 한 끼

김지현 지음

한스미디어

프롤로그

prologue

하루 한두 번의 산책을 함께하고
친구가 좋아하는 고기밥을 만들어 주는 것.
지금 해줄 수 있는 것을 미루지 말자고 다짐합니다.
개의 시간과 사람의 시간은 다르다는 것을 아는 까닭입니다.

친구의 밥을 만드는 것은
친구에게 받은 순수한 애정에 보답하는 가장 확실한 방법이자
함께 발맞추어 걸어가는 우리들의 행복한 여정이 아닐까요?

여러분의 여정에 이 책이 조금이나마 도움이 되면 좋겠습니다.
여러분과 여러분 곁을 지키는 작은 친구들의 행복을 빕니다.

마음을 담아, 김지현 드림

목차

프롤로그

나의 작은 친구 칩과 뽀를 소개합니다 . 12
안녕, 나의 작은 친구 - 자연식을 하는 이유 . 16
오직 너를 위해 - 레시피에 관해 . 18

강아지 음식을 만들기 전에

필요한 조리 도구 . 20
단백질의 중요성 . 24
강아지에게 해가 되는 식재료 . 25
음식 보관 시 주의사항 . 26

autumn
가을 개시피

오래된 집에서 시작된 우리의 첫 번째 계절

가을을 달려 제주 . 30

연어 타르트 . 36
스카치 에그 . 40
홍합 치즈 구이 . 42
두부 크림 . 46
두부 크림을 곁들인 강아지 카스텔라 . 50
땅콩버터 . 54
흰살생선 수프 . 56
황태 파우더 . 60

겨울 개시피

우리가 사랑하는 제주의 겨울 아침

생애 가장 따뜻한 겨울 . 66

굴림만두 . 72
굴림만둣국 . 76
고기 소보로 . 80
고기치즈롤 . 82
늙은호박 수프 . 86
늙은호박 설기 . 90
원바이트 황태 . 92
피시볼 . 96

봄 개시피

새로운 제주살이의 시작

봄을 준비해 봤어 . 102

널 위한 키슈 . 108
일본식 닭고기 덮밥 . 112
돈가스 . 114
그릭요거트 . 118
달걀껍질 파우더 . 122
테린 . 126
제주 채소 파우더 . 130
우유 푸딩 . 134
헬시 케이크 . 138

여름 개시피

새파란 여름

우리 앞으로도 여름 바다처럼 살아가자 . 144

펫푸치노 . 150
미트볼 파스타 . 154
토마토 달걀 볶음 . 158
제주 채소 퓌레 . 160
제주 삼색 치즈볼 . 164
닭고기 스무디 . 168
쿠스쿠스 샐러드 . 172
양상추롤 . 174
보우짱 단호박 에그슬럿 . 178

나의 작은 친구
칩과 뽀를 소개합니다

2011년 8월 20일생, 5kg

좋아하는 단어: 형아, 간식, 산책

싫어하는 단어: 양치, 목욕, 미용

특기: 구운 고기와 삶은 고기를 구분하는 미슐랭 강아지

까칠하고 가리는 게 많은 강아지. 특히 뽀의 똥을 몹시 더러워해 똥을 바로 치워주지 않으면 침을 폭포처럼 흘리며 언짢은 감정을 표현한다. 갓 태어난 새끼 강아지에게도 겁내는 졸보지만 누나에게는 태풍처럼 강하다. 상전이 따로 없다. 칩이는 감정 표현이 풍부하고 좋고 싫음이 명확한 21세기 도시 개의 표본이라고 할 수 있다.

날렵한 몸으로 매우 빠른 스피드를 가지고 있어 잡기 놀이를 하면 반드시 누나가 진다. 산책 매너가 좋고 가족이 모두 함께 하는 산책을 가장 좋아한다.

남들보다 조금 작은 간을 가지고 있어 간 수치가 높은 편이라 6개월에 한 번씩 건강검진을 한다. 하다 하다 간까지 귀엽냐 싶다가도 작은 간이 열심히 움직여 칩이가 먹고 느끼는 모든 것을 소화시킨다고 생각하면 안쓰럽고 애틋하다. 때문에 먹을 것에 더 신경 쓴다. 육지에서 2년간 먹었던 간 약을 제주에 온 후 의사의 처방 아래 끊었다.

미소년 같은 외모와는 달리 등산을 좋아해 동네에 있는 당산봉에 자주 오르며 장난 아닌 허벅지 근육을 가지고 있다.

prologue

2014년 6월 15일 첫 만남. 5.5kg

좋아하는 단어: 누나, 간식, 맘마, 산책

싫어하는 단어: 없음

취미: 호시탐탐 마당에 있는 고양이 밥 탐내기, 칩이 귀 냄새 맡기 등

포천 애린원에서 미용 봉사 중 만났다. 유독 힘이 없고 표정이 없던 강아지였다. 미용 도중에 엉킨 털을 잘라내다 가위로 살을 2cm가량 잘랐는데 낑 소리 한번 내지 않고 고통을 참아냈다. 살이 잘리는 고통을 참아 내다니, 무엇이 이 아이를 그렇게 만들었을까. 그 모습은 7년이 지난 지금도 나에게 눈물 버튼으로 남아있다. 예민한 칩이 때문에 둘째를 전혀 생각하지 않았던 터라 임시보호하며 치료 후 입양자를 찾을 마음이었으나 어쩌다 임보(임시보호)는 임보(임종 때까지 보호)가 되었다. 구조 당시 5-8세 추정. 이빨의 교모와 치주염이 심하고 눈에 백탁도 있었으나 지금은 사슴 눈망울이 따로 없다. 가끔 거울 대신 뽀의 눈에 얼굴도 비춰본다. 8세라고 해도 너무한 구강 상태가 길에서 고생한 흔적 같아 마음이 아팠지만 스케일링과 발치로 다시 태어났다.

뽀는 가족과 친해지는 것도, 산책하는 것도, 배변 훈련도 몹시 오래 걸렸으나 천천히 마음을 내어주었다.

1년마다 하는 검진에서 늘 완벽한 수치로 가족을 감동시키는 강아지. 모량이 많고 모질이 좋아 복슬복슬한 상태가 되면 귀여움이 폭발하며 잘 때는 자주 코를 곤다.

prologue

안녕, 나의 작은 친구
자연식을 하는 이유

흔히 강아지에게 사람이 먹는 음식을 먹이면 안된다고 말하지만 사람과 강아지 음식의 경계가 어디부터 어디까지인지 명확히 설명할 수 있는 사람은 많지 않다. 물론 가공식품, 맵고 짠 양념이 들어간 음식 등은 강아지에게 급여해선 안 되는 식품으로 이는 '사람이 맛있게 먹기 위해 조리된 요리'이다. 자연식은 인공적인 첨가물이 들어있지 않은 음식을 뜻한다. 친구들이 먹어도 안전한 식재료로 첨가제나 조미료 없이 간단하게 만들어 음식을 급여하는 것만으로도 큰 변화가 나타난다. 이를 경험해본다면 누구도 강아지와 사람의 음식 간의 모호한 경계에 대해 이야기하지 않을 것이다.

자연식을 시작한 후 가장 큰 변화는 침이의 모질이 좋아지고 모량이 풍성해진 것과 사료 급여 시 나타났던 알레르기 반응이 모두 사라진 것이다. 닭고기가 주원료인 사료를 먹고 눈과 귀가 붓는 알레르기 반응을 일으켰던 이전과 달리 직접 만든 닭 생식을 먹고나서는 그런 반응이 나타나지 않았다.

간소한 재료로 간단한 자연식을 시작해 알레르기 반응을 일으키는 식품을 하나씩 배제해 나가며 침뽀에게 맞는 식재료와 좋아하는 조리법을 찾았다. 이 과정에서 침뽀의 몸 상태를 더 긴밀하게 관찰할 수 있었다.

자연식은 친구들의 위장에 큰 부담을 주지 않고 소화된다. 사료가 소화되는 데 7~10시간이 걸리는 것에 비해 생식은 2~4시간, 화식은 3~5시간 정도로 사료와 생식 그리고 화식은 소화 시간에서 큰 차이가 난다.

prologue

자연식을 하면서 칩뽀 모두 소화와 흡수가 잘 돼 변의 양도 눈에 띄게 줄었고 심지어 냄새도 거의 없다. 자연식에 물을 첨가하는 방식으로 음수량 조절에도 도움이 되니 자연식을 하지 않을 이유가 없다.

내 강아지가 건강하지 않기를 바라는 견주는 없을 것이다. 나는 칩뽀가 오래 사는 것보다 건강하게 사는 것에 관심이 있고, 칩뽀에게 건강과 더불어 맛있는 음식을 먹는 삶을 선사할 수 있다면 기꺼이 매일 밥을 만드는 수고를 감수할 것이다.

자연식을 시작한 지 어느덧 8년이 되었다. 힘들지 않냐는 질문을 많이 받는데, 친구들의 신체에 필요한 필수 영양소만 신경 쓴다면 그다지 어렵지 않다. 며칠간 먹을 양을 한 번에 만들어 소분해두면 사료만큼 간단히 급여할 수 있다. 칩뽀의 활력은 직접 만든 힘센 한 끼에서 오는 것임을 확신한다.

밥을 만드는 동안 졸졸 따라다니며 기대에 찬 눈빛을 보내는 칩뽀를 보면 이 정도 수고스러움은 아무것도 아니란 생각이 든다. 오늘 친구가 먹을 밥을 짓는 것은 그저 사랑하는 마음. 그 외에는 설명할 방법이 없다. 혼자라면 그냥 지나쳤을 수많은 순간들을 함께 걸어가는 내가 선택한 가족. 곁에서 전해주는 온기만으로도 우리를 적막한 일상에서 벗어나게 하는 작지만 큰 친구. 받는 사랑에 비해 너무 작은 한 그릇이지만 앞으로도 더 맛있는 밥을 만들어주고 싶다. 나에게 자연식은 고마움을 전하는 가장 쉬우면서 간곡한 마음의 표현이다.

오직 너를 위해
레시피에 관해

    이 책에서는 쉽게 구할 수 있는 재료들을 가지고 복잡한 공정이나 과정 없이 손쉽게 만들 수 있는 음식으로 구성하였다. 또한 자연식으로도 급여 가능한 간식 레시피도 소개하고 있다.

    자연식 급여 시 채소의 비율은 20~30%를 넘기지 않는 것이 좋다. 채소는 생으로 주는 것보다 잘게 잘라 익혀주거나, 푹 삶아 으깨 주는 것이 좋다. 신선한 살코기와 약간의 채소, 지방(어유/오메가-3지방산), 칼슘(달걀 껍질 파우더) 조금이면 자연식의 구성으로 충분하다. 친구들의 변을 관찰하여 소화되지 않은 재료를 확인하고, 재료의 양을 조절하자.

    자연식의 급여량은 체중의 3~5% 내외라고 명시하지만 이것은 권장량일 뿐 그다지 의미가 없다. 급여량은 개체마다 다르고 강아지가 자견, 성견, 노견일 때와 활동량에 따라서도 천차만별이다. 그래서 체중의 3~5%의 급여량이 우리 집 친구에게는 정량이 아닐 수도 있다. 개체마다 소화 흡수의 정도가 다르고, 활동량이 다르기 때문이다. 칩뽀는 노견에 접어들었지만 마당이 있는 집에서 자유롭게 뛰어놀며 넓은 들과 오름을 오르내린다. 그렇기 때문에 몸집에 비해서 활동량이 많아 비슷한 5kg의 소형견보다는 급여량이 조금 많다.
    처음 먹는 음식이거나 과한 양을 급여하면 변이 묽어지니 변 상태를 체크하면서 급여량을 조절해주면 된다. 사료에서 자연식으로 전환할 때는 사료의 양을 천천히 줄여주는 식으로 차근차근 전환해주는 게 소화계에 도움이 된다.

　개는 곡물을 소화시키는 능력이 약하기 때문에 곡물 함유량이 높은 사료 급여 시 영양분이 체내에 흡수되지 않고 변으로 배출된다. 높은 양의 곡물이 첨가되면 사료의 단가가 낮아지고 사료 제작 공정도 단순해진다. 시중에 곡물사료가 많은 이유는 개의 신체에 도움이 되어서가 아니라는 점과 사료는 인간의 편리를 위해 만들어진 인스턴트라는 점을 간과해서는 안 된다. 모든 사료에 반대하는 것은 아니지만 성분표를 자세히 살펴보며 첨가된 식품을 꼼꼼히 확인하여 곡물이 과하게 들어 있거나 단백질 함량이 낮은 사료는 피하는 것이 좋다. 곡물에 첨가된 탄수화물은 친구들에게 즉각적인 에너지를 제공하고 단백질의 흡수를 돕지만 꼭 필요한 필수영양소는 아니므로 급여량을 조절해야 한다.

　몸무게 5~5.5kg, 활동량 많은 칩뽀는 하루에 250~300g의 식사를 두 번에 나누어서 한다. (한 끼 100~150g) 간식은 하루에 두세 번 소량 급여하는데, 간식은 한 번에 많은 양을 주는 것보다 먹는 횟수를 늘려주는 것이 친구들에게 더 큰 행복감을 선사하기 때문이다. 간식을 줄 때 서로 교감하며 유대관계를 더 돈독히 만들 수 있지만 과급여하여 친구들이 살찌지 않도록 항상 주의하자.

강아지 음식을 만들기 전에

- 필요한 조리도구 -

믹싱볼

재료를 혼합할 때 주로 사용한다. 스테인리스 소재가 가벼워서 사용하기 편하며 조금 넉넉한 사이즈의 믹싱볼을 이용하면 더욱 편리하다. 이 책에서는 주로 지름 25cm의 믹싱볼을 사용한다.

종이 포일

에어프라이어나 오븐을 사용하는 음식을 만들 때 유산지 대신 사용한다.

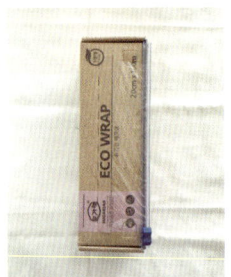

조리용 랩

재료의 모양을 잡을 때나 남은 재료를 보관할 때 사용한다.

before

에어프라이어

재료를 구울 때 손쉽게 사용 가능하며, 높은 열전도율로 빠르고 편리한 조리가 가능하다. 에어프라이어가 없다면 오븐으로 대체 가능하다. 기계마다 성능이 다르므로 중간중간 체크하여 익힘 정도를 확인하는 것이 좋다.

타르트 틀

타르트나 키슈 등을 만들 때 모양을 잡기 위해 사용한다. 이 책에서 주로 사용하는 틀은 미니 타르트 틀로 지름 8cm다.

베이킹 틀

카스텔라나 테린 등을 만들 때 사용한다. 이 책에서는 주로 6×14cm의 베이킹 틀을 사용했다.

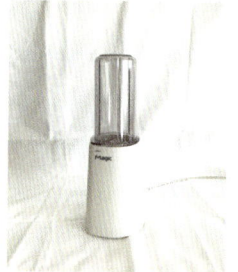

블렌더

마른 과일이나 야채를 갈아 파우더류를 만들 때 사용한다.

푸드 프로세서

고기, 채소 등을 잘게 다질 때 사용한다. 푸드 프로세서가 없다면 고기를 구매할 때 갈아달라고 요청하거나, 채소는 최대한 아주 잘게 다져준다.

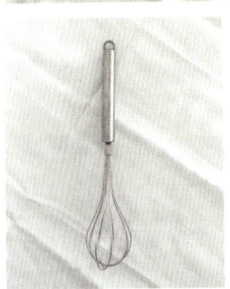

거품기

달걀물이나 머랭을 만들 때 사용한다.

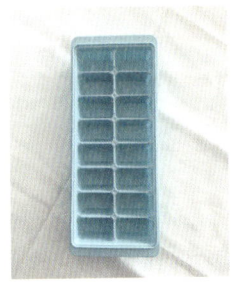

얼음 트레이

채소 퓌레나 수프 등을 소분해 얼려두면 필요할 때 간편하게 급여하기 좋다.

전자저울

식재료의 용량을 측정할 때 사용한다. 신속하고 정확한 측정을 위해 전자저울은 꼭 구비하는 것을 추천한다.

before

계량컵

식재료의 용량을 측정할 때 사용한다. 정확한 계량을 위해 구비하는 것을 추천한다.

집게

음식을 집거나 옮길 때 사용한다.

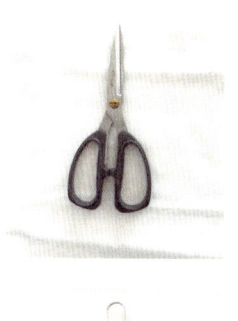

가위

일반적으로 부엌에서 쓰는 주방용 가위로 간단하게 재료를 자르거나 손질할 때 사용한다.

체반

치즈나 요거트를 만들 때, 가루를 체에 칠 때 사용한다.

- 단백질의 중요성 -

    자연식 구성 시 가장 중요한 필수 영양소는 단백질이다. 단백질은 친구들의 생에 가장 중요하고 큰 역할을 하는 영양소이다. 근육을 성장시키고 에너지를 제공할 뿐 아니라 면역력 강화와 근력 유지를 돕는다. 함께 산책하는 즐거움을 오래도록 만끽할 수 있도록 친구들에게 꼭 양질의 단백질을 급여하도록 하자.

    개의 몸은 단백질을 받아들이고 소화시키는데 최적화 되어 있다. 자연식 구성 시 동물성 단백질이 60~70% 이상을 차지하는 것이 좋다. 고기의 익힘 정도는 친구들의 기호에 따라 선택하는 것이 좋으나, 너무 오래 익히면 단백질이 파괴되므로 오래 익히지 않는 편이 좋다.

친구들에게 도움이 되는 좋은 단백질

돼지안심, 등심, 소고기우둔살, 홍두깨살, 오리안심, 오리가슴살, 닭가슴살, 닭안심, 가자미, 대구, 명태, 고등어, 삼치, 연어 등 기름기가 적은 살코기 부위를 추천한다. 자연식 급여 시 여러 육류 단백질을 다양하게 섭취하는 것이 좋다. 토끼, 염소, 양, 타조 등 특수 고기를 이용한 자연식도 추천한다. 펫푸드 시장이 커지면서 특수 고기의 유통도 활발해져 인터넷에서 쉽게 구할 수 있으니 참고하자.

before

- 강아지에게 해가 되는 식재료 -

초콜릿
초콜릿에는 카페인과 테오브로민이 함유되어 있다. 이는 구토, 설사, 경련을 일으키고 심할 경우 사망에 이르게 한다.

포도
급성신부전증, 식욕부진, 복통을 유발한다.

양파와 파
양파와 파의 이황화알릴프로필 성분이 헤모글로빈의 산화를 일으켜 적혈구를 파괴한다. 심할 경우 사망에 이를 수 있다.

과일의 씨앗
강아지에게는 과일의 씨앗을 분해하는 능력이 없다. 삼킬 경우 반드시 병원에 내원해야 한다.

끝이 날카로운 생선가시, 동물의 뼈
강아지의 식도나 위벽에 상처를 남길 수 있고, 심할 경우 장폐색으로 이어질 수 있으니 주의해야 한다.

염분이나 조미료가 첨가된 음식
강아지는 나트륨을 체내로 배출하지 못한다. 모든 식재료에는 일정 부분 나트륨이 첨가되어 있으므로 염분을 따로 섭취시킬 필요가 없다.

마카다미아
강아지의 소화 및 신경계를 손상시키는 독소가 함유되어 있다.

- 음식 보관 시 주의사항 -

강아지의 음식도 사람의 음식과 보관 방법이 같다. 조리 후 가급적으로 빨리 급여한다. 남은 음식은 냉장실에 2~3일 보관 가능하다. 냉동 보관 시에는 한번 먹을 양만큼 소분하여 보관하고 냉장실에서 천천히 해동하는 것을 추천한다.

before

오래된 집에서 시작된 우리의 첫 번째 계절

가을을 달려 제주

육지에서는 펫푸드 사업을 했다. 운이 좋아 일이 잘 됐지만 어째 직장 생활을 할 때보다 더 바쁘고 여유가 없었다. 칩이와 하루 종일 함께 있고 싶어 시작한 일인데 칩이에게 힘껏 써주지 못했던 시간이 아직도 내내 미안할 만큼 그 시절의 나는 바쁘고 바빴다. 2014년 6월 뽀를 입양하며 바쁜 누나의 미안함은 두 배가 되었다.

한 달에 한두 번 정도 시간이 생기면 그 틈을 놓치지 않고 부지런히 칩뽀와 함께 여행했다. 미안한 마음을 상쇄시키고 싶은 마음과 더불어 칩뽀에게 가능한 많은 풍경과 세상의 모든 재미있는 냄새를 맡게 해주고 싶은 이유가 컸다. 칩뽀는 순전히 내 의지와 선택으로 만난 가족이므로 칩뽀의 생을 책임지고 살뜰히 보살펴야 할 의무가 있다고 생각한다.

칩뽀에게 제주의 바다를 보여주고 싶어 함께했던 여행에서 제주살이를 결심했다고 말하곤 했다. 하지만 사실은 사심 섞인 결정이었다. 언젠가 내가 선택한 곳에서 뿌리내리고 싶다고 간직하던 마음을 움직이게 만든 건, 해변에 떠밀려온 스티로폼 부표와 싸우던 귀여운 뽀의 모습과 콧잔등에 모래를 잔뜩 묻히고는 해변 끝에서 끝까지 깡충거리며 뛰어다니던 칩의 모습이었다. 딸의 선택을 묵묵히 지지해 주는 엄마의 도움이 더해져 안양 집을 정리하고 제주로 떠나는 데까지 한 달이 채 걸리지 않았다.

최소한의 세간을 싣고 안양에서 완도로, 완도에서 제주로, 하루의 절반을 달려야 해서 고되었던 길에서 우리들 조금 더 재미있게 살아보자고 서로를 다독이기 바빴던 하루를 기억한다. 그 고된 여정을 낑낑 소리 한번 내지 않고 함께 해주었던 고마운 나의 칩뽀.

예전부터 좋아했던 세화리에 원룸을 구했다. 바다가 코앞이고 데크가 있어 눈이 시원했던 제주의 첫 번째 집. 눈을 감으면 파도 소리가 전부였던 집에서 엄마의 손을 잡고, 칩뽀와 얼굴을 비비며 바랄 게 뭐 더 있겠나, 이 정도면 되었다는 마음으로 잠들었다. 아침이 오는 것에 새삼스레 감사하며 앞으로 어떻게 살아야 하는가에 대한 고민을 정면으로 마주할 수 있었던 날들의 연속이었다.

말랑하고 부드러운 칩뽀, 큰 산과 같은 엄마의 다정한 냄새. "제주에서 인생, 견생 2막이 시작되었다!"라는 너스레의 반은 맞고 반은 틀리지만 조금씩 선명한 내일을 맞이하고 있으니 앞으로 우리들 더 재미있을 거야!

autumn

강아지 친구들의 냄새, 해가 뜨고 질 때 나는 시간의 냄새, 돌멩이와 축축한 흙냄새, 짭짤한 파도 냄새, 모래 냄새. 재미있는 냄새들을 모두 맡게 해주고 싶어 부지런히 함께 걸었고 오래 기억하고 싶어 사진을 찍고 글을 썼다.

발맞춰 함께 걸어주는 나의 작은 친구들과 제주에서 맞이한 첫 계절. 가을은 원래 눈 깜빡할 사이에 지나간다고 생각했는데 계절을 빈틈없이 느끼고 겪는다는 게 이런 걸까? 환절도 하나의 계절임을 알게 해준 제주살이의 처음. 가을이 오는 모습을 목격했던 우리의 10월.

가을 개시피

연어 타르트

연어의 고소한 향기와 부드러운 식감,
고구마의 달콤함까지 더해져 풍부한 맛을 자랑하는 연어 타르트.
오늘은 간단하지만 근사한 타르트를 친구에게 선물해 보는 건 어떨까요?

재료

타르트 4개 분량

필링

생연어 100g
찐 고구마 80g
달걀 1개

타르트지

쌀가루 60g
코코넛 가루 25g
달걀 1개
물 80㎖

타르트지 만들기

1. 큰 볼에 물을 제외한 재료를 모두 넣고 가볍게 섞는다. 그 다음 물을 조금씩 넣어가며 반죽한다.

2. 타르트 틀에 올리브오일을 소량 발라 준비한다.

3. 타르트 반죽을 조금씩 떼어내 타르트 틀에 꾹꾹 눌러가며 모양을 잡아준다.

4. 포크로 반죽에 구멍을 내준 후(포크에 구멍을 내고 구워야 타르트지가 부풀지 않는다), 에어프라이어 150도에서 10분간 굽는다. 오븐 이용 시 160도로 10분 예열한 후 10~15분간 굽는다.

5. 다 구워진 타르트를 틀에서 분리한 후 식힘망에 올려 충분히 식힌다.

만드는 법

1. 생연어는 깨끗이 씻은 후 작은 큐브 모양으로 썰어준다.
2. 찐 고구마는 뜨거울 때 포크나 숟가락을 이용하여 곱게 으깬다.
3. 믹싱볼에 썰어둔 연어와 으깬 고구마, 달걀을 넣고 부드럽게 섞는다.
4. 구워둔 타르트지에 3을 봉긋하게 채우고 타르트 틀을 평평한 바닥에 두어 번 내려쳐 공기를 빼준다.
5. 에어프라이어에 넣고 160도에 10분간 굽는다. 오븐 이용 시 170도로 10분 예열한 후 10~15분간 구워준다.

TIP

연어에는 친구들의 눈과 피모에 좋은 오메가3가 다량 함유되어 있어요. 친구들의 면역에도 도움이 되는 좋은 식재료지만 처음 연어를 접하는 친구가 많은 양을 먹게 되면 지방산 때문에 변이 묽어지거나 배탈이 날 수도 있어요. 처음 급여할 때는 꼭 소량 급여하여 친구의 상태를 확인한 후 급여량을 늘려주세요. 칩뽀 타르트 한 개씩을 식사 대용으로 먹여요. 간식으로 급여할 때는 절반으로 잘라 급여한답니다.

autumn

가을 개시피

스카치 에그

스카치 에그는 달걀을 고기로 감싸 기름에 튀겨 먹는 영국 음식이에요.
강아지 친구들도 먹기 좋게 만들어 보았어요.
기름에 튀기지 않아도 튀김 같은 비주얼이라
친구들에게 뿌듯한 마음을 담은 접시를 선물할 수 있답니다.
친구들과 함께 드세요!

재료

간 소고기 500g
삶은 메추리알 15~20개
황태 파우더 굵은 입자 (p.60 참고) 약간
당근 30g
브로콜리 20g
주키니호박 20g

만드는 법

1. 당근, 브로콜리, 주키니호박은 깨끗하게 세척한 후 잘게 다진다. (브로콜리 세척법 p.131 참고)

2. 간 소고기와 준비한 채소를 믹싱볼에 넣어 섞은 후 잘 치대준다.

3. 소고기 30g을 손바닥에 잘 펴준 뒤, 메추리알을 한 개씩 넣어 꼼꼼히 싸서 동그랗게 빚는다.

4. 동그랗게 빚은 고기 반죽에 황태 파우더를 골고루 입혀준 후 에어프라이어 160도에서 12~15분간 굽는다. 오븐 이용 시 170도로 10분 예열한 후 15~20분간 구워준다.

5. 충분히 식힌 후 급여한다.

TIP

- 소고기는 찰기가 없어 잘 뭉쳐지지 않을 수도 있어요. 그럴 때는 간 돼지안심을 조금 섞어주거나 닭고기나 돼지고기로 바꿔서 만들어도 좋아요.
- 황태 파우더의 입자가 크면 더 먹음직스럽게 보이니 스카치 에그를 만들 때는 입자가 큰 황태 파우더를 사용해주세요. 물론 고운 황태 파우더를 사용해도 맛은 똑같답니다.
- 칩뽀는 5kg 내외의 몰티즈라 한 개당 약 30g의 소고기를 사용했지만 친구의 덩치에 맞춰 고기 양을 조절해 만들어주세요. 치와와처럼 작은 친구들은 더 작게, 레트리버처럼 큰 친구들은 더 크게. 친구를 생각하며 만들면 더 근사한 간식이 될 거예요.

가을 개시피

홍합 치즈 구이

그린홍합은 관절에 좋은 글루코사민과 콘드로이틴,
피모에 좋은 오메가3가 듬뿍 함유되어 있어요.
하루 한 개의 그린홍합은 친구들 관절 건강에 도움을 준답니다.
특유의 향과 식감 때문에 호불호가 갈리는 홍합이지만
이렇게 치즈와 파프리카를 얹어서 구우면 보다 맛있게 급여할 수 있어요.

재료

홍합 치즈 구이 10개 분량

그린홍합 10개
노란 파프리카 1/4쪽
빨간 파프리카 1/4쪽
유기농 아기치즈 1단계 2장

만드는 법

1. 홍합은 솔이나 헝겊을 이용해 껍질을 깨끗하게 닦고 흐르는 물에 세척한다.
2. 세척한 홍합을 찬물에 30분가량 담가 소금기를 빼준다.
3. 끓는 물에 홍합을 넣고 2분간 데친다.
4. 데친 홍합 위에 잘게 썬 파프리카와 치즈를 올리고 프라이팬에 약불로 10분간 굽는다. 이때 프라이팬 뚜껑을 닫고 조리한다. 에어프라이어 조리 시 160도로 5분간 굽는다.
5. 충분히 식힌 후 껍데기를 분리하여 급여한다.

TIP
- 아기치즈 대신 염분과 첨가물이 없는 모차렐라 치즈를 올려 구워주면 풍미가 더 좋아집니다.
- 홍합을 데친 육수는 친구들 자연식에 조금씩 첨가해 주거나, 흰살생선 수프 또는 굴림만 둣국의 육수로 써도 좋아요.
- 칩뽀에게 하루에 1개씩 급여하는 간식이에요. 5kg 이하 친구들은 하루에 반개 정도, 5kg 이상 친구들은 하루에 1~2개 정도 급여해주세요.

autumn

가을 개시피

두부 크림

두부는 양질의 식물성 단백질을 함유하고 있어요.
육류 단백질에 알레르기가 있는 친구들에게 두부는 참 좋은 친구랍니다.
근사한 음식을 선물하고 싶을 때 두부 크림을 만들어 장식해보세요.
짤주머니를 이용해 샘크림처럼 사용해도 좋아요.

재료
두부 1모
꿀 1스푼
코티지치즈 100g(p.164 참고)

만드는 법

1. 두부는 찬물에 담가 물을 3~4회 갈아주며 10시간 이상 냉장 보관한다. (간수 제거 과정)
2. 두부를 4등분으로 잘라 끓는 물에 2분간 데친다.
3. 두부를 충분히 식힌 후 두부의 물기를 키친타월로 닦는다.
4. 믹서기에 두부, 꿀, 코티지치즈를 넣어 부드러워질 때까지 갈아준다.

> **TIP**
> - 반드시 Non-GMO 국산 콩 두부를 구입해서 만들어주세요.
> - 채소 파우더(p.130)를 넣으면 더욱 다채로운 색깔의 크림을 만들 수 있고 영양도 맛도 더 풍부해진답니다.
> - 두부 크림을 짤주머니에 넣어 사용하면 모양도 예쁘고 간편하게 사용할 수 있어요.
> - 두부 크림은 반드시 냉장 보관하고 가급적 빠른 시간 안에 급여해주세요.
> - 두부 크림은 식사 대용이 될 수 없어요. 간식으로 소량 급여해 주세요. 칩뽀는 카스텔라 (p.50 참고)에 아빠 숟가락 반~한 스푼 곁들여 먹어요.

autumn

가을 개시피

두부 크림을 곁들인
강아지 카스텔라

칩뽀누나만큼 빵을 좋아하는 칩뽀를 위해 만들었어요.
첨가물이나 방부제 없이 소량의 쌀가루와 달걀을 이용해 만든
폭신하고 부드러운 빵이랍니다.
카스텔라 익는 냄새에 귀를 펄럭이며 뛰어오는 칩뽀를 보면 정말 행복해요.
오늘 친구와 함께 맛있는 브런치 어떠세요?

재료

쌀가루 20g
찬기를 뺀 달걀 2개
올리브오일 1스푼
꿀 1스푼
삶은 단호박 약간

만드는 법

1. 실온에 1시간 이상 보관하여 찬기를 뺀 달걀의 흰자와 노른자를 구분해 준다.
2. 볼에 달걀흰자를 넣고 거품기를 이용하여 머랭 상태로 만든다.
3. 또 다른 볼에 노른자와 올리브오일 1스푼, 꿀 1스푼을 넣고 잘 섞는다.
4. 머랭에 노른자를 조금씩 넣어가며 섞는다. 이때 주걱을 세워 옆날로 섞어야 머랭이 꺼지지 않는다.
5. 4에 쌀가루 20g을 두 번에 걸쳐 넣고 섞는다.
6. 준비된 틀에 올리브오일을 바르고 5의 카스텔라 혼합물을 붓는다.
7. 혼합물 사이사이에 조각낸 삶은 단호박을 넣고 기포가 생기지 않도록 카스텔라 틀을 바닥에 두어 번 탕탕 쳐준다.
8. 160도로 3분 정도 예열한 에어프라이어에 넣고 160도에서 8~10분간 굽는다. 오븐 이용 시 160도로 10분 예열한 후 10~15분간 굽는다.

9. 완전히 식힌 후 틀에서 분리한다.

10. 친구가 먹기 좋은 크기로 잘라 그릇에 담은 후 한쪽에 두부 크림(p.40 참고)을 올려 데커레이션 하면 완성!

TIP
- 반죽에 캐롭 파우더♦를 섞어 초코 카스텔라, 비트 파우더를 섞어 레드벨벳 카스텔라를 만들면 조금 더 다양하고 맛있는 카스텔라를 선물할 수 있어요.
- 두부 크림을 곁들이면 멋진 플레이트가 완성된답니다. 고소하고 폭신한 카스텔라는 아가부터 노견까지 전 연령 친구들에게 추천해요! 칩뽀는 간식으로 이 레시피의 양을 반씩 나누어 급여해요. 아무리 맛있어도 과하면 안 되겠죠?

♦**캐롭 파우더** 캐롭나무의 열매를 이용해 만들어진 것으로 칼슘과 비타민이 풍부하고 은은한 단맛이 있어 천연 감미료로 사용된다. 캐롭 파우더로 데커레이션하면 코코아 파우더를 뿌린 것 같은 느낌을 낼 수 있다.

autumn

가을 개시피

땅콩버터

외국의 강아지 친구들은 땅콩버터를 정말 많이 먹어요.
약을 땅콩버터에 섞어 주기도 하고, 노즈워크할 때도 땅콩버터를 쓰더라고요.
그만큼 친구들이 좋아한다는 거겠죠?
정말 쉬운 땅콩버터 레시피를 준비했어요.
만들어두면 요긴하게 쓰일 거예요.

재료
볶은 국산 땅콩 100g
올리브오일 1스푼
꿀 1스푼

만드는 법

1. 볶은 땅콩의 속껍질을 벗긴 후 프라이팬에 넣고 타지 않게 잘 저어주며 약불로 볶는다. 이 과정은 생략 가능하나 풍미를 높이고 땅콩 고유의 지방이 더욱 잘 배출될 수 있도록 하므로 해주는 것이 좋다.

2. 블렌더에 로스팅한 땅콩과 올리브오일, 꿀을 넣고 1분씩 끊어가며 입자 없이 부드러워질 때까지 갈아주면 완성.

3. 완성된 땅콩버터를 열탕 소독한 병에 담고 밀봉 후 냉장 보관한다.

TIP
- 땅콩버터는 보관 기간이 짧아서 한번에 많은 양을 만들지 않는 게 좋아요. 땅콩은 알레르기를 유발할 수 있으니 첫 급여 시에는 꼭 소량 급여하여 친구의 상태를 확인해 주세요.
- 비만의 원인이 될 수 있으니 너무 많은 양을 급여하지 마세요. 칩뽀는 한번 먹을 때 0.5 티스푼정도 급여해요. 친구들 덩치에 맞게 급여량을 조절해 주세요.
- 간식에 소스처럼 활용해도 좋고, 카스텔라에 살짝 곁들여주면 꿀맛이에요!

가을 개시피

흰살생선 수프

흰살생선은 친구들에게 양질의 단백질과 스태미나를 선물하는 좋은 식재료에요.
특히 가자미나 명태는 지방이 거의 없고 비린내가 나지 않는 담백한 생선이라
부담 없이 급여할 수 있답니다.
흰살생선에 감자와 무를 더해 든든하고 따뜻한 한 끼를 준비해봤어요.

재료
손질된 가자미 or 명태 200g
무 30g
감자 20g
물 200㎖

만드는 때

1. 생선은 흐르는 물에 깨끗이 씻고 찬물에 20~30분 정도 담가 소금기를 제거한다.
2. 감자와 무를 깨끗이 씻어 손질한 후 적당한 크기로 자른다.
3. 냄비에 올리브오일을 두르고 감자와 무를 볶는다.
4. 감자와 무가 절반쯤 익으면 물을 넣고 팔팔 끓인다.
5. 물이 끓으면 생선을 넣고 한소끔 더 끓인다.
6. 생선이 익으며 블렌더를 이용해 덩어리가 없도록 곱게 갈아준다.
7. 충분히 식힌 후 그릇에 담으면 흰살생선 수프 완성!

TIP
- 감자와 무를 볶을 때 첨가물이 들어있지 않은 버터를 소량 넣어 볶으면 맛과 풍미가 더 좋아져요.
- 생선은 이유식용 다짐 생선이나 가시와 껍질 제거가 되어 있는 토막 생선을 이용하면 더욱 간단하게 만들 수 있답니다.
- 위 레시피의 양은 칩뽀에게 한 그릇씩 급여했을 때 딱 맞는 양이에요.

autumn

가을 개시피

황태 파우더

황태는 담백한 감칠맛이 가득한 고단백 저지방 식품으로
부담 없이 급여할 수 있어요.
필수 아미노산과 비타민도 다량 함유되어
친구들의 기력 회복과 피로 회복에 도움을 준답니다.
파우더를 만들어 두면 보관 기간도 길고
사용하기도 편리해 살뜰하게 쓰일 거예요.

재료

황태 또는 황태채 200g

만드는 법

1. 황태를 찬물에 담가 물을 갈아주며 3시간 이상 소금기를 제거한다.
2. 소금기를 제거한 황태의 물기를 꼭 짜준 후 건조기에 넣고 바싹 마를 때까지 5시간 이상 건조한다. 건조기가 없다면 프라이팬에서 약불로 바삭해질 때까지 천천히 볶아준다.
3. 건조된 황태를 블렌더에 넣고 갈아준다.
4. 황태 파우더를 깨끗한 용기에 넣어 냉동실에 보관한다.

autumn

> **TIP**
> - 분쇄된 황태 파우더를 채에 받쳐 고운 입자와 굵은 입자를 구분해서 보관하면 간식에 따라 달리 사용할 수 있어서 편리해요.
> - 튀김 느낌이 나는 요리에는 굵은 입자의 황태 파우더를 사용하면 더 맛있어 보인답니다.
> - 고운 입자의 황태 파우더는 음수량을 늘려야 하는 친구들의 물그릇에 조금씩 타주어도 좋아요.
> - 칩뽀는 히루에 5g 이하로 섭취하고 있어요.

winter
겨울 개시피

우리가 사랑하는 제주의 겨울 아침

생애 가장 따뜻한 겨울

지은 지 수십 년 되었다는 오래된 농가주택을 소개받았던 날, 적당한 크기의 잔디 마당과 너른 창으로 비치는 햇살, 잘 보존되어 있는 벽장과 미닫이문, 자그마한 툇마루까지 오래된 아름다움이 곳곳에 배어 있는 모습에 반해 덜컥 계약을 해버렸다. 칩뽀가 뛰어놀만한 마당이 있어야 한다는 게 집을 구할 때 첫 번째 조건이었는데 귀를 펄럭이며 마당을 뛰어다니는 모습을 보니 고민할 필요가 있나 싶었다.

문을 열면 초록색이 가득한 작고 예쁜 집이 생겼다는 뿌듯함과 이제 정말 제주에 정착하기 시작했다는 기대감에 몹시 설레었다. 그렇게 우리의 제주 서쪽 고산리 생활이 시작되었다.

동네 어르신들이 사는 집을 쭈욱 지나야 나타나는 골목 끝자락에 위치한 우리 집. 덕분에 할머니들의 라이징 스타가 되어 첫 한 달은 청문회 수준의 질문을 받았다. 어디서 왔고, 누구의 친척이며, 이 집을 얼마에 얻었는지, 직업은 뭔지, 결혼은 왜 안 하며 개는 왜 매일 데리고 다니는지. 매일 새로운 할머니가 건네는 똑같은 질문이 도통 익숙해지지 않았던 이유는 제주어를 알아듣기 어려웠기 때문이리라. 악의 없는 투박한 말투에 적의를 느꼈던 과거를 반성한다. 왜 일하지 않고 집에 있느냐는 삼춘(제주에서는 이웃을 성별에 관계없이 삼춘이라고 부른다)들이 일자리를 소개해주기 시작하고 일하기 싫다고 투정을 부리면 굶어 죽을 거냐고 걱정하며 먹거리를 가져다주셨다.

"객지 생활 막 힘들엉 해도 잘 먹엄서야 모음도 든든허주게 경허난 하영 먹엉 많이 크라이(객지 생활 힘들어도 잘 먹어야 마음도 단단해진다. 그러니 많이 먹고 많이 커라)."

이보다 더 다정한 말이 있을까.

애를 안고 다녀야 할 나이에 왜 개를 안고 다니냐고 핀잔을 주던 가을의 골목 삼춘들이 겨울 즈음엔 칩뽀를 보면 두 손을 내밀며 활짝 웃으셨다. 그 모습이 꿈결 같았던 까닭은 깊은 안도감 때문이었을 거라고 생각한다. 연고 하나 없이 훌쩍 떠나온 제주에서 잘 지낼 수 있을까, 육지에서 왔다고 배척하지 않을까 했던 걱정이 무색하게 좁은 골목에서 빈틈없이 마주하고 있는 이웃들은 우리 가족을 온 마음으로 환영하고 받아 주었다. "이리 오라" 삼춘들의 투박하고 상냥한 말투에 화답하듯 반가움을 표현하던 칩뽀의 귀여움이 한몫했을 테다.

winter

winter

몹시 춥고 눈도 잦았던 그 해 겨울. 우리는 작은방에 옹기종기 모여 몸의 한 부분을 맞닿아 가며 체온을 나눴다. 칩뽀가 옆구리로 파고들어 동그랗게 몸을 말고 있으면 단단한 행복이 곁을 지킨다는 생각이 들곤 했다. 고마움으로 가득 찬 2막이 시작된 것 같은 기분과 동시에 그간 바쁘다는 핑계로 충분히 내어주지 못한 시간이 기억나 때때로 마음이 요동쳤다. 칩이 덕분에 펫푸드를 시작했고, 칩뽀 덕분에 제주에 왔으니 모든 선택의 중심에 칩뽀가 있다.

앞으로 더 나은 삶을 살며 모두에게 무해한 일을 하고 싶다고 생각했던 생애 가장 따뜻했던 그해 겨울.

자 우리 이제 봄으로 가자!

겨울 개시피

굴림만두

만두피를 따로 만들 필요 없이 만두소를 쌀가루에 살짝 굴리면
얇은 피를 완성할 수 있어요.
부드럽고 담백해 입이 짧은 친구들도 잘 먹을 거예요.

재료

닭가슴살 500g
무 20g
시금치 10g
적양배추 10g
달걀 1개
쌀가루 약간

만드는 법

1. 닭가슴살은 푸드 프로세서로 곱게 갈아주고, 야채는 잘게 다져 준비한다.
2. 닭가슴살과 준비한 야채를 섞고 동그랗게 빚는다.
3. 달걀은 달걀물을 만들어 준비하고 넓은 그릇에 쌀가루를 준비한다.
4. 동그랗게 빚은 만두에 달걀물을 묻힌 다음 쌀가루에 굴린다.
5. 찜기에 면포를 깔고 서로 달라붙지 않게 만두를 넣은 뒤 10분간 쪄낸다.
6. 잘 익은 만두를 꺼내 충분히 식힌 후 먹기 좋은 그릇에 담아내면 완성!

TIP
더 얇은 만두피를 만들고 싶다면 달걀물 과정을 생략해도 좋아요. 물론 쌀가루 없이 그대로 쪄내도 훌륭한 고기 간식이 된답니다. 고기와 채소의 종류를 바꿔가며 만들어주세요.

winter

> 겨울 개시피

굴림만둣국

평안한 한 해를 바라며 새해에 정성스레 끓여 먹는 떡국처럼,
친구들의 편안한 일생을 기원하며 귀여운 만둣국을 만들어보는 건 어떨까요.
친구들이 우리에게 주는 행복에 조금이라도 보답할 수 있다면 정말 기쁠 거예요.

재료
찐 굴림만두 4~6개(p.72 참고)
달걀 1개
황태 파우더 1스푼(p.60 참고)
물 200ml

만드는 법

1. 물 200ml에 황태 파우더를 1스푼 넣고 끓인다.
2. 달걀은 흰자와 노른자를 구분해 부친 다음 먹기 좋은 크기로 잘라 지단으로 만든다.
3. 그릇에 굴림만두를 담고 끓여둔 황태 육수를 부어준다.
4. 만들어둔 달걀지단을 보기 좋게 얹어준다.

TIP
- 대추씨를 제거한 후 대추 과육을 돌돌 말아 장식해도 좋아요. 아스파라거스나 샐러리를 작게 썰어 더하거나, 고기 소보로(p.80 참고)를 지단으로 사용하면 더 맛있고 귀여운 만둣국이 탄생할 거예요. 친구들이 좋아하는 재료들로 꾸며보세요.
- 국물은 만두가 반쯤 담길 만큼 자작하게 부어주세요. 너무 뜨겁지 않게 호호 불어주는 것을 잊지 마세요!

winter

겨울 개시피

고기 소보로

물기 없이 바싹하게 볶아 보관해두면 유용하게 쓰이는 고기볶음이에요.
입이 짧은 친구들의 사료 위에 얹어주거나 자연식에 더해 주어도 좋고요,
약을 먹일 때 이용해도 좋아요.

재료

돼지안심 or 등심 300g
단호박 파우더 1티스푼
브로콜리 파우더 1티스푼
캐롭 파우더 1티스푼
황태 파우더(p.60 참고) 1티스푼

만드는 법

1. 돼지고기는 푸드 프로세서를 이용해 고기의 입자가 살아 있을 정도로 갈아준다.

2. 간 돼지고기를 프라이팬에 중불로 볶다가 절반쯤 익었을 때 준비해둔 파우더를 넣어 함께 볶는다. 고기를 볶을 때 수분이 나오므로 오일을 두르지 않는다.

3. 고기의 물기가 사라질 때까지 바싹 볶는다.

4. 한 김 식힌 후에 소분하여 밀폐용기에 담은 뒤 냉동 보관한다.

TIP

- 돼지고기는 정육점에 요청하면 갈아줍니다. 구입할 때 정육점에 요청해주세요.
- 준비된 파우더가 없다면 채소를 함께 넣어 볶아도 되지만, 생채소에서는 물이 많이 나와 조리 시간이 길어지니 기름 없이 채소를 먼저 볶아 물기를 날린 후 고기에 넣어 볶아주면 좋아요.
- 칩뽀에게는 다른 자연식이나 간식에 아빠 숟가락 반~한 스푼씩 더해주고 있어요.

겨울 개시피

고기치즈롤

조리 과정을 살짝 바꿔주는 것만으로도 더 멋진 간식을 만들 수 있어요.
같은 재료를 다른 방법으로 조리해 친구들에게
다양한 즐거움을 선물하는 건 어떨까요?

재료

3롤 기준

오리안심 or 오리가슴살 300g,
코티지치즈 or 삼색치즈 50g (p.164 참고)

만드는 법

1. 준비한 오리고기를 푸드 프로세서를 이용해 곱게 갈아둔다.
2. 종이 포일 또는 랩을 적당량 잘라 깔고 그 위에 오리고기 100g을 넓게 펼친다.

3. 펼친 오리고기 위에 코티지치즈 50g을 올린 후, 종이 포일이나 랩을 당겨가며 김밥 말듯이 말아준다.

4. 그대로 찜기에 넣어 10~13분간 쪄낸다.

5. 충분히 식힌 후 먹기 좋은 크기로 잘라 급여한다.

 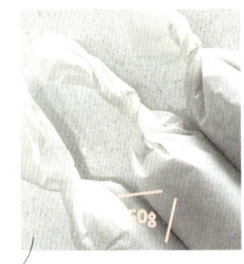

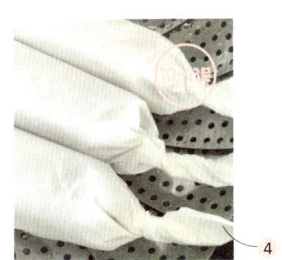

TIP
- 종이 포일이나 랩은 열을 가해도 괜찮은 조리용으로 준비해주세요.
- 코티지치즈가 없다면 마트에서 쉽게 구할 수 있는 유기농 아기치즈 1단계를 사용해도 좋아요. 고기치즈롤은 간식으로도 한 끼로도 좋아요.
- 칩뽀는 간식으로는 한 롤을 나눠 먹고, 한 끼로는 세 롤을 나눠 먹어요.

겨울 개시피

늙은호박 수프

겨울엔 뭐니 뭐니 해도 따뜻한 수프죠.
식이섬유와 비타민이 풍부한 늙은호박으로 수프를 만들어
친구와 함께 나눠 먹어보세요.
친구와 더 끈끈한 사이가 될 거예요.

재료
늙은호박 300g
락토프리 우유 100㎖
코코넛오일 약간

만드는 법

1. 늙은호박을 깨끗하게 세척한 뒤, 반을 갈라 씨를 제거하여 찜기에 넣고 푹 쪄낸다.
2. 쪄낸 호박의 속을 긁어 냄비에 넣고 코코넛 오일을 두른 후 약불에서 살짝 볶는다.
3. 2에 우유를 넣고 블렌더를 이용해 곱게 갈아준다.
4. 잘 저어가며 한소끔 끓인다.
5. 먹기 좋은 그릇에 담아 고기 소보로(p.80 참고)나 피시볼(p.96 참고)을 더해주면 맛있는 겨울 간식 완성!

TIP
- 늙은호박은 크기가 꽤 커요. 한 번에 소진하기 힘들 땐 늙은호박을 깨끗이 손질해 냉동 보관해두면 됩니다.
- 달콤함을 추가하고 싶다면 단호박을 조금 섞어서 만들어도 좋아요.
- 늙은호박 수프는 다른 간식의 소스로도 활용 가능하니 넉넉히 만들어 얼음 틀에 얼려두어도 좋아요.
- 늙은호박 수프를 식사 대용으로 급여할 때는 꼭 고기(단백질)를 추가해줘야 해요. 칩뽀에게는 늙은호박 수프 100g 정도에 고기 소보로 2~3 스푼이나 피시볼 4~5개, 닭가슴살이나 오리안심을 삶아서 더해주기도 해요. 간식으로 급여할 때는 아빠 숟가락으로 한두 스푼 정도만 급여하고 있어요.

winter

겨울 개시피

늙은호박 설기

늙은호박 수프를 만들고 남은 호박이 있다면
늙은호박 설기도 한번 도전해보세요.
떡처럼 쫀득한 식감은 아니지만 적당히 찰진 식감으로
친구들도 무척 좋아할 거예요.

재료
늙은 호박 100g
쌀가루 10g

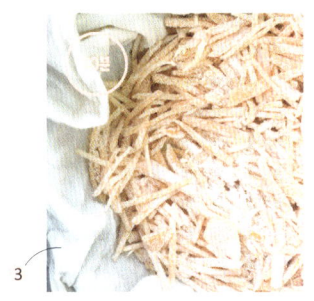

만드는 법

1. 늙은호박은 깨끗이 세척한 후 껍질을 벗긴다. 그 다음 씨를 제거한 후 작고 가늘게 썰어둔다.
2. 준비된 늙은호박에 쌀가루를 뿌려 골고루 섞는다.
3. 찜기 채반에 면포를 깔고 그 위에 2를 넓게 깔아 10분간 쪄낸다.
4. 충분히 식힌 후 급여한다.

TIP
- 늙은호박은 소화에 도움을 주지만 과급여 시 비만의 원인이 됩니다.
- 늙은호박 설기는 단독으로 급여하는 것보다 고기 소보로(p.80 참고)나 미트볼(p.154 참고), 원바이트 황태(p.92 참고)와 같은 단백질이 함유된 간식을 더해주면 더욱 좋아요.
- 늙은호박철이 되면 칩뽀에게 가끔 만들어주는 간식이에요. 탄수화물이 주가 되는 간식인 만큼 소량 급여해요.

겨울 개시피

원바이트 황태

가을 개시피에서 만들었던 황태 파우더(p.60 참고)로
한입에 쏙 들어가는 황태 간식을 만들어 봤어요.
황태와 궁합이 좋은 달걀을 이용해 만들어 맛있고 영양도 만점인 간식!
외출 시에 챙겨 나가기도 좋고,
수프나 사료 위에 데커레이션으로 더해주어도 좋은 활용도 높은 간식이에요.

재료
- 황태 파우더 100g
- 달걀 3개

만드는 법

1. 황태 파우더와 달걀을 큰 볼에 넣고 잘 섞어준다.
2. 반죽을 잘 뭉쳐 비닐이나 랩에 감싼 후 냉장고에서 1시간 정도 휴지시킨다. 휴지시키는 동안 유리병을 열탕 소독해둔다.
3. 에어프라이어에 종이 포일을 깔고 2를 넓게 펼쳐 놓는다.
4. 에어프라이어 160도에서 20분간 구워 낸다. 오븐 이용 시 170도로 10분 예열한 후 20~25분간 굽는다.
5. 구워진 황태 반죽을 꺼내 충분히 식힌 후 칼을 이용해 한입 크기로 자른다.
6. 열탕 소독된 유리병에 넣어 냉장 보관한다.

TIP
- 달걀이 많이 들어가는 레시피로 급여량에 주의해야 합니다. 저는 손가락 한마디쯤 되는 큐브로 만들어 칩뽀에게 하루 2개 정도 급여해요.
- 에어프라이어가 없다면 오븐이나 프라이팬에 바싹 구워줘도 좋아요. 프라이팬 이용 시에는 타지 않게 약불로 굽다가 모양이 흐트러지지 않을 만큼 구워지면 중불로 바꿔 마저 구워 내면 된답니다. 하지만 난이도가 높으니 에어프라이어나 오븐 이용을 추천해요!

winter

겨울 개시피

피시볼

친구들에게도 생선의 단백질이 필요해요.
생선에는 칼슘과 타우린 등이 풍부하고 지방질이 적어 칼로리가 낮아요.
흰살생선은 양질의 단백질을 함유하고 있고, 친구들의 몸을 따뜻하게 해준답니다.
가끔은 생선으로 맛있는 식사를 만들어주세요.

재료

손질된 가자미 or 대구 살 700g
당근 10g
무 10g
애호박 20g
쌀가루 10g

만드는 법

1. 생선 살은 30분 이상 찬물에 담가 소금기를 뺀다.
2. 생선 살을 꼭 짜서 물기를 제거한 후 푸드 프로세서를 이용해 곱게 갈아준다.
3. 당근과 무, 애호박을 잘게 다진 후 갈아둔 생선 살에 넣고 섞는다.
4. 반죽이 동그랗게 뭉쳐질 정도의 농도로 쌀가루를 조금씩 넣어 섞는다.
5. 반죽의 농도가 적당해지면 손으로 동그랗게 빚은 다음 찜기에 넣고 10분간 쪄낸다.

TIP
- 피시볼을 에어프라이어에 넣어 170도 10분간(오븐은 160도 10분 예열한 후 12~15분) 구워내면 색다른 풍미의 간식이 완성돼요. 마트에서 이유식용 다짐 생선이나 가시와 껍질 제거가 되어 있는 토막 생선을 구입하면 더욱 간단하게 만들 수 있답니다.
- 꼬치에 꽂아 핫바로 만들어도 좋고, 따뜻한 물에 황태 파우더를 넣어 어묵탕을 만들어줘도 좋습니다. 친구들과 좋은 저녁 보내세요!

winter

새로운 제주살이의 시작

봄을 준비해 봤어

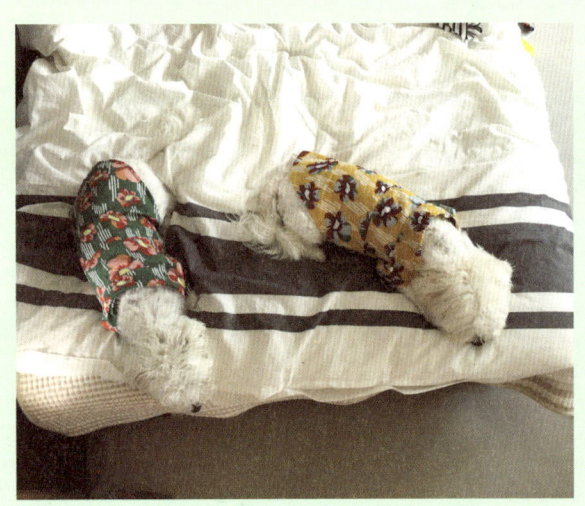

본격적으로 집을 고치고 꾸미기 시작했다. 삼촌들은 이런 오래된 촌집이 뭐가 좋으냐고 물었지만 나는 이 집의 창살 하나까지 귀하지 않은 것이 없다. 언젠가 사라지더라도 마지막까지 집으로서 쓸모를 다했으면 하는 마음으로 선택한 첫 집인 만큼 취향을 가득 담아 집을 꾸몄다.

얼마나 많은 사람들이 거쳐 가고 또 많은 계절을 지났을까, 시간이 잔뜩 묻어있는 소박하고 정다운 작은 집. 칩뽀가 올라오기 편한 저상형 침대부터 세팅하고 불필요한 살림살이와 사용 횟수가 적은 물건들은 모두 정리했다. 물건을 비우는 일은 마음을 비우는 일과 같아서 마당의 잔디 색깔이 초록색으로 변하기 시작할 때쯤엔 마음 한 편을 짓누르던 불안감도 많이 옅어졌다.

남은 방 한 칸으로 에어비앤비를 시작했다. 입안에서 동글동글 맴도는 우리말로 이름을 짓고 단정한 침구와 불편하지 않을 만큼의 소박한 살림을 마련해 게스트를 맞이했다. 물론 호스트는 칩뽀. 칩뽀의 귀여운 호스팅 덕분에 제법 많은 예약을 받았고 다른 경제 활동을 하지 않던 때라 큰 도움이 되었다. 지금도 숙박하면 칩뽀를 만날 수 있냐는 게스트의 문의를 많이 받으니 칩뽀가 민박 영업의 한 축을 맡고 있는 셈이다. 뽀는 본부장, 칩이는 대표이사, 나는 바지사장을 맡고 있다. 오늘도 너네 고깃값 버느라 허리가 휘었다는 농담은 이제 영영할 수 없다. 칩뽀 덕분에 내가 먹고 사니까.

2014년 봄과 여름의 경계에서 뽀를 만났다. 몇 년을 떠돌았는지 알 수 없을 만큼 엉켜있던 털과 나쁜 건강 상태보다 마음이 아팠던 건 사람에 대한 경계였다. 뽀의 고단했을 마음이 가여워 무작정 뽀를 안고 집으로 내달리며, 힘들었던 과거는 생각도 안 날 만큼 편안한 삶을 돕겠다고 다짐했었다. 뽀가 사람을 좋아하고(특히 처음 본 사람) 쉽게 신나는 강아지가 되게 한 것의 8할은 우리 집 게스트들 덕분이라고 확신한다.

spring

칩뽀가 내게 주는 위안의 힘은 매우 강하다. 아무 말 없이 온기와 눈빛으로 전해지는 담백한 위로. 그것만으로도 얼마나 힘이 되는지, 작은 몸에 담긴 큰 마음을 받으며 매일 행복한 사람이 된다.

칩뽀를 바라보며 웃었던 봄, 칩뽀를 끌어안고 울었던 봄, 주저 앉아 있을 때도, 용기 내어 한 걸음 나아갈 때도 모든 순간 변함없이 곁을 지켜준 나의 작은 친구들.

우리가 얼마나 깊은 애정으로 연결되어 있는지, 얼마나 서로에게 공감하고 있는지 말로 다 할 수 없는 마음이 쉴 새 없이 오고 간다. 그러므로 나에게 봄은 칩뽀다.

언제나 봄같이 따뜻한 위로를 전해준 것처럼 나도 너희의 가장 좋은 시절이 되어줄게. 약속해.

봄 개시피

널 위한 키슈

키슈는 달걀이 주재료인 프랑스 요리예요.
제가 간식 집을 운영할 때 인기가 정말 많았던 간식이랍니다.
고기가 잔뜩 들어가니 한 끼를 대신해도 좋고, 조금 큰 사이즈로 만들어
특별한 날 간식으로 활용해도 좋아요.
만드는 방법도 정말 쉬워요.

재료

키슈 4개 분량

타르트지(p.36 참고) 4개
간 소고기(우둔살이나 홍두깨살) 200g
시금치 약간
달걀 2개

만드는 법

1. 간 소고기를 프라이팬에 넣고 볶는다. 고기의 수분을 날리는 과정으로 중불에 가볍게 볶는다. 에어프라이어에 넣어 한 번 더 익히는 과정이 있으므로 고기를 완전히 익히지 않아도 된다.

2. 시금치는 잘게 썰어 준비한다.

3. 달걀을 미리 풀어둔다.

4. 소고기와 시금치를 섞고 준비한 타르트지(p.36 참고)에 소복하게 채운다.

5. 풀어둔 달걀을 필링 사이사이에 잘 스며들도록 꼼꼼히 부어준다.

6. 에어프라이어 160도에서 10분간 굽는다. 오븐 이용 시 170도로 10분 예열한 후 15~20분간 굽는다.

7. 다 구워진 키슈를 틀에서 분리해 식힘망에 올려 충분히 식힌 후에 급여 및 보관한다.

TIP
- 달걀은 사전에 충분히 풀어주세요. 그래야 필링 사이에 꼼꼼히 잘 스며들어요.
- 재료가 이미 익은 상태의 필링으로 채워져 있기 때문에 달걀이 익을 정도로만 구워주면 돼요. 겉면에 갈색빛이 돌면 더 먹음직스러우니 굽는 시간을 조절해 주세요.
- 칩뽀는 식사 대용으로 1개씩, 간식으로는 절반으로 잘라 급여하고 있어요.

spring

봄 개시피

일본식 닭고기 덮밥

닭고기와 달걀을 이용한 일본식 닭고기 덮밥이에요.
양배추를 잘게 다져 쌀밥 대신 이용하고
양파 대신 고구마를 채 썰어 넣어보았어요.
어때요? 맛있어 보이죠?

재료

닭가슴살 200g
고구마 30g
양배추 30g
황태 파우더 5g
달걀 1개
물 100㎖

만드는 법

1. 닭가슴살은 찬물로 씻은 뒤 한입 크기로 깍둑썰기한다.
2. 고구마는 얇게 채 썰고 양배추는 밥알 크기로 다진다.
3. 밥알 크기로 다진 양배추는 기름 없는 팬에 중불로 볶아 익힌 다음 그릇에 담아둔다.
4. 이때 달걀은 미리 풀어둔다. 황태 파우더는 물에 넣어 섞는다.
5. 팬에 썰어둔 닭가슴살을 넣고 볶는다.
6. 닭고기가 절반쯤 익었을 때 채 썬 고구마를 넣고 함께 볶는다.
7. 황태 파우더 섞은 물을 6에 넣고 한소끔 끓인다.
8. 7에 풀어둔 달걀을 붓고 살짝 익힌다.
9. 그릇에 3을 담고 그 위에 8을 올려 담아내면 완성!

TIP

- 꼭 닭고기가 아니어도 괜찮아요. 돼지고기, 소고기, 고등어, 가자미 등 다양한 단백질을 사용하세요.
- 완성된 일본식 닭고기 덮밥 위에 쫑쫑 썬 아스파라거스나 이탈리안 파슬리를 뿌려주면 더 멋진 한 끼가 완성된답니다.
- 칩뽀는 한 끼에 100~150g씩 먹어요.

봄 개시피

돈가스

소리까지 맛있는 바삭한 돈가스!
우리가 흔히 먹는 음식을 강아지 음식으로 구현하는 것만큼
낭만적인 일이 있을까요?
같은 집에 살며 같은 음식을 나누는 일,
모두 사랑하는 마음에서 만들어지는 거잖아요.
오늘은 낭만적인 돈가스 어떠세요?

재료
돼지등심 or 안심 500g
달걀 2개
황태 파우더(거친 입자 p.60 참고) 약간

만드는 법

1. 돼지고기를 적당한 두께로 슬라이스하고 키친타월로 닦아 핏물을 빼준다.
2. 넓고 낮은 그릇을 두 개 준비하여 달걀물과 황태 파우더를 담아둔다.
3. 슬라이스 해둔 돼지고기를 달걀물에 적신 후, 황태 파우더를 꼼꼼하게 바른다.
4. 에어프라이어에 넣어 170도 10분간 구워주거나, 코코넛오일이나 올리브오일을 살짝 두른 프라이팬에 중약불로 바삭해질 때까지 굽는다.
5. 다 구워진 돈가스를 식힘망에 올려 충분히 식힌다.
6. 돈가스를 예쁘게 플레이팅 하여 친구에게 낭만적으로 선물한다.

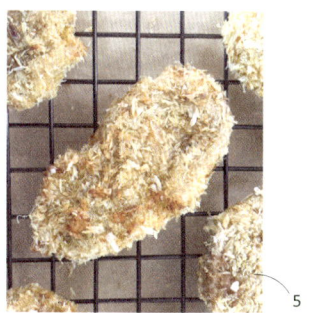

TIP

늙은호박 수프(p.86 참고)에 캐롭 파우더를 조금 섞어 돈가스 소스로 활용해 보세요. 찍먹, 부먹 상관없이 친구들의 맛있는 식사가 될 거예요! 캐롭은 조금만 섞어도 색깔이 진하답니다. 늙은호박 수프 3큰술에 캐롭 파우더 1티스푼 정도면 충분해요.

spring

봄 개시피

그릭요거트

그릭요거트는 일반 요거트보다 수분감이 적고 크리미하여
치즈 같은 질감을 자랑합니다.
양질의 유산균과 단백질을 섭취할 수 있고 만드는 방법도 쉬워
손쉽게 좋은 영양분을 친구들에게 선물할 수 있어요.
밥솥으로 쉽게 만드는 방법을 소개할게요. 꼭 만들어보세요!

재료
락토프리 우유 1L
무첨가 요거트 200g

만드는 법

1. 우유는 실온에 방치하여 냉기를 뺀다.
2. 밥솥 내솥에 우유와 요거트를 넣고 섞는다. 이때 반드시 나무나 플라스틱 스푼을 이용한다.
3. 내솥을 밥솥에 넣고 보온으로 1시간 돌린 후 '보온 버튼을 끄고' 10시간 방치한다.
4. 10시간 후 만들어진 요거트를 채반과 면포에 받쳐 3시간 이상 유청을 분리한다. 이때 무거운 그릇을 위에 올려두면 유청이 더 쉽게 분리된다.
5. 완성된 그릭요거트는 열탕 소독한 유리병에 넣어 보관한다.
6. 급여 시 반드시 침이나 이물질이 묻지 않은 스푼을 사용해 덜어낸다.
7. 요거트는 냉장 보관하며 1주일 이내 소진하는 것이 좋다.

spring

TIP
- 완성한 그릭요거트는 1주일 이내 소진하는 것이 좋아요.
- 락토프리 우유는 유당이 제거된 우유이기 때문에 일반 우유로 요거트를 만들 때보다 1~2시간 정도 더 발효과정을 거치면 좋아요. 두 번째 만들 때부터 만들어둔 그릭요거트를 섞어 사용하면 됩니다.
- 그릭요거트에 꿀이나 잘게 자른 과일을 섞어 더 달콤한 행복을 선물해주세요!
- 칩뽀는 티스푼으로 한 스푼씩 매일 먹고 있어요. 친구들의 변 상태를 확인하면서 급여량을 조절해 주세요!

봄 개시피

달걀껍질 파우더

달걀껍질에는 양질의 칼슘이 함유되어 있어요.
생식에는 동물의 뼈를 넣어 칼슘을 첨가할 수 있지만 화식에는 뼈를 넣을 수 없죠.
이럴 때 천연 칼슘 보충제로 달걀껍질 파우더를 이용해보세요.
시간과 정성이 필요하지만 우리는 친구들을 위해 못할 것이 없잖아요?

재료: 동물복지 방사 유정란 껍질

만드는 법

1. 달걀껍질을 겉과 속 모두 흐르는 물에 깨끗이 세척한다.
2. 물기를 완전히 말린 후 깨끗한 봉투에 보관한다.
3. 달걀껍질이 적당량 모이면 끓는 물에 5분 이상 삶아 소독한다.
4. 코팅이 되지 않은 팬이나 냄비에 볶아 물기를 날린다.
5. 넓은 쟁반에 펼쳐 완전히 식힌 후 분쇄기에 넣어 갈아 준다.
6. 체에 받쳐 고운 입자의 달걀껍질 파우더를 분리하고 열탕 소독한 유리병에 담아 보관한다.

TIP
- 달걀에 쓰여 있는 번호를 확인해 주세요. 끝자리가 1로 끝나면 동물복지 자연방사 유정란, 2로 끝난다면 동물복지 유정란이에요. 친구들은 사람보다 식품으로 받아들이는 감수성이 높으니 꼭 번호 끝자리가 1 또는 2로 끝나는 달걀을 사용해 주는 게 좋아요.
- 1g의 파우더에 약 350㎎의 칼슘이 들어 있어요. 친구들에게 급여할 때는 1㎏당 0.5g~1g을 넘기지 않는 게 좋아요.
- 입자가 거칠면 친구들의 입이나 목에 상처를 낼 수도 있으니 가급적 곱게 갈아 꼭 체에 받친 후 사용하세요.
- 달걀껍질 파우더를 만들 때 달걀 속의 하얀 막을 제거하기도 하는데 하얀 막은 친구들의 관절에 도움을 주는 성분이 다량 함유되어 있어요. 하얀 막을 제거하지 않아도 바싹 건조하면 잘 분쇄되니 가급적 제거하지 말고 파우더를 만들어주세요.

spring

봄 개시피

테린

테린은 고기나 생선을 단단하게 다진 다음 틀에 넣고 오븐에서 부드럽게 구워내
차갑게 먹는 프랑스식 고기 요리예요.
만드는 방법은 무척 간단하지만 결과물은 정말 멋지답니다.
냄비를 이용해 더욱 쉽게 만들 수 있는 레시피를 소개할게요.
고기와 채소를 바꿔가며 자연식으로 급여해도 좋은 촉촉한 고기 파이!
꼭 만들어보세요!

재료
- 오리가슴살 or 오리안심 1kg
- 당근 20g
- 애호박 20g
- 단호박 30g
- 불린 미역 20g

미역 손질법

미역은 물에 불리면서 염분이 제거된다. 부드럽게 물에 불린 후 깨끗이 씻어 잘게 썰어 준비한다.

만드는 법

1. 오리가슴살 또는 오리안심은 푸드 프로세서를 이용해 곱게 갈아준다.
2. 준비한 채소는 깨끗이 세척한 후 잘게 다져서 기름기 없는 팬에 가볍게 볶아 준비한다.
3. 다진 오리고기와 채소를 섞고 유리나 스테인리스 용기에 꾹꾹 눌러 빈틈이 없게끔 채운다.

4. 냄비에 고기 반죽이 들어간 용기를 넣고 반죽이 반쯤 잠길 만큼 냄비에 물을 부어준다.
5. 냄비 뚜껑을 덮고 10~15분간 중탕한다.
6. 젓가락으로 테린이 익었는지 확인한 후, 틀 채로 충분히 식혀준다.

> **TIP**
> - 미역은 칼슘과 식이섬유가 풍부해요. 미역에 함유된 미네랄 성분은 체내에 쌓인 독소를 몸 밖으로 배출되도록 도움을 준답니다.
> - 테린에 단백질과 비타민이 많은 재료를 첨가해주면 더욱 좋아요. 고기는 기름기가 없는 고기라면 뭐든지 좋아요. 채소도 제철 채소와 과일을 이용해 그때그때 바꿔주면 정성스럽고 맛있는 한 끼가 될 거예요.

spring

봄 개시피

제주 채소 파우더

채소를 챙겨주기 힘들다면 파우더를 만들어 활용해보세요.
물에 채소 파우더를 섞어주면 보다 간편하게 비타민을 급여할 수 있어요.
이 레시피에는 식품 건조기가 필요한데요, 건조기가 없다면
오븐이나 에어프라이어의 건조 기능을 이용해도 됩니다.
재료의 수분함량에 따라 건조되는 시간이 다르니 중간중간 확인해 주세요.
채칼 등을 이용해 얇게 썰면 시간을 단축할 수 있어요.

재료
당근 2개
비트 2개
브로콜리 2개
단호박 1통

채소 손질방법

당근
흐르는 물에 깨끗이 씻고 편으로 썰어둔다.

비트
비트를 수세미나 헝겊으로 깨끗이 씻은 후 껍질을 벗긴다. 비트를 반으로 자른 후 편으로 썰어둔다.

브로콜리
물에 식초 1~2스푼을 섞은 후 브로콜리의 잎 부분이 밑으로 향하도록 물에 담가 놓는다. 10분 이상 방치한 후 흐르는 물에 꼼꼼히 씻는다. 브로콜리의 밑동 부분까지 얇게 썰어 준비한다.

단호박
단호박의 껍질 부분을 수세미나 헝겊으로 꼼꼼하게 씻고 전자레인지에 1~3분(크기에 따라) 정도 가열한다. 전자레인지에서 꺼낸 단호박을 반으로 자른 후 씨를 제거하고 건조기에 넣기 좋은 크기로 썰어 준비한다.

2

1. 손질한 채소를 찜기에 넣어 쪄낸다.
2. 찐 채소를 건조기에 넣고 70도에서 7~10시간 건조한다.
3. 파우더를 담을 용기는 미리 열탕 소독한다
4. 잘 건조된 채소를 블렌더에 넣고 갈아낸다.
5. 열탕 소독한 유리병에 담고 냉장 보관한다.

> **TIP**
> - 꽤 많은 양을 만들었다고 생각했지만 한 줌도 되지 않는 파우더 양에 놀라셨죠? 그만큼 농축되어 있는 채소 파우더랍니다.
> - 급여량에 주의해주세요. 과한 채소 급여는 친구들의 소화력을 떨어뜨리니까요. 칩뽀에게는 수프나 요거트 위에 반 티스푼 정도씩 더해줘요
> - 채소 파우더를 두부 크림(p.46 참고)이나 닭고기 스무디(p.168 참고)에 섞으면 다채로운 빛깔의 간식이 탄생합니다. 수프나 그릭요거트(p.118 참고)에 데커레이션으로 올려줘도 좋아요.

spring

봄 개시피

우유 푸딩

친구와 함께 먹을 수 있는 푸딩!
이제 디저트도 작은 친구와 함께 하세요!

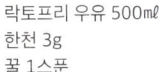
락토프리 우유 500㎖
한천 3g
꿀 1스푼

1. 냄비에 우유와 꿀을 넣고 약불로 천천히 저어가며 끓인다.
2. 냄비 가장자리에 기포가 올라올 때 한천을 조금씩 넣어가며 잘 섞어준다.
3. 한천을 잘 풀어주고 계속 저어가며 2~3분간 더 끓인다.
4. 불을 끄고 한 김 식힌 후 친구들이 먹기 좋은 컵에 담는다.
5. 컵에 랩을 씌우고 냉장고에 넣어 3시간 이상 굳혀준다.
6. 완성된 푸딩 위에 꿀을 소량 뿌려주면 더 근사한 푸딩 완성!

TIP
- 잘 저어주지 않으면 우유가 끓어올라 넘칠 수 있으니 냄비 모서리까지 꼼꼼하게 잘 저어주세요.
- 주걱보다는 거품기를 이용해 저어주는 것이 좋아요.
- 냄비에서 끓은 혼합물을 채반에 한 번 걸러준 후 컵에 부으면 더욱 부드럽고 매끈한 푸딩을 만들 수 있어요.
- 칩뽀는 100ml 정도의 양을 나눠먹는답니다.

spring

봄 개시피

헬시 케이크

친구들이 태어난 날, 우리가 만난 날, 가족이 된 날 등 특별한 날과 평범한 나날들.
친구들은 우리의 일상을 매일 특별하게 만들어주잖아요.
세상에서 제일 건강하고 맛있는 케이크로 오늘을 기념해 보는 건 어떨까요?

재료
삶은 고구마 200g
삶은 닭가슴살 200g
달걀 1개
두부 크림(p.46 참고)
올리브오일 약간

만드는 법

1. 삶은 고구마는 포크나 숟가락을 이용해 곱게 으깨고 닭가슴살은 잘게 찢어 준비한다.
2. 달걀은 흰자와 노른자를 분리한다.
3. 고구마와 닭가슴살, 달걀 노른자를 잘 섞어준다.
4. 달걀흰자는 거품기를 이용해 단단한 머랭을 만든다.
5. 3에 머랭을 두 번에 나눠 넣어주며 잘 섞는다. 이때 머랭이 꺼지지 않도록 주걱을 세워서 섞는다.
6. 전자레인지용 용기에 올리브오일을 소량 발라주고 5를 넣는다.

7. 기포가 없도록 바닥에 두어 번 탕탕 쳐준 후 전자레인지에 넣고 3분-3분-2분간 가열한다.

8. 완성된 시트를 꺼내 충분히 식힌다.

9. 식은 시트를 층별로 얇게 자른다. 시트에 두부 크림을 펴 바른 다음 시트를 올려 크림을 펴 바르는 것을 반복한다. 마지막으로 겉면에 두부 크림을 꼼꼼하게 바르고 제철 과일로 데커레이션하면 헬시 케이크 완성!

TIP
- 조금 더 폭신한 빵을 만들고 싶다면 달걀 흰자를 1개 더 추가해주세요.
- 전자레인지의 성능은 집집마다 다르니 중간중간 체크하면서 시간을 더하거나 빼주세요.
- 재료의 양을 늘리거나 줄여 케이크의 사이즈를 조절할 수 있어요.
- 케이크 시트를 층별로 잘라 사이사이에 친구들이 좋아하는 재료를 더하면 케이크가 더 멋스러워져요. 단호박이나 고기를 큐브 모양으로 잘라서 더해주면 더 맛있겠죠?
- 고구마가 많이 들어가는 케이크라서 과하게 급여하면 살이 찔 수 있어요. 칩뽀는 케이크를 다섯 조각으로 나눈 후 한 조각을 나눠 먹어요.

새파란 여름

우리 앞으로도
여름 바다처럼 살아가자

여름이 주는 특별한 기쁨, 바다 수영! 시원한 물속을 유영하며 두 손으로 쥘 수 없을 만큼 풍성한 행복을 느낀다. 바다 수영을 즐기는 귀여운 할머니가 장래희망이 될 만큼 여름을 손꼽아 기다리게 된 것이 어쩌면 제주에 온 이후 인생의 가장 큰 변화라고 할 수 있겠다. 칩뽀도 종종 바다에 나가지만 수영은 별로 좋아하지 않는다. 수영하는 누나를 지켜보며 걱정하는 게 바다에서 칩뽀의 일과.

가지, 토마토, 오이, 수박 등 칩뽀와 함께 먹을 수 있는 여름 채소들이 풍성한 것 또한 여름의 묘미이다. 우리가 사는 고산은 주로 농사를 짓는 시골이라 채소의 생을 가까이서 볼 수 있다. 씨앗에서 열매가 될 때까지 조력한 흙과 비와 바람, 농부의 수고까지 모든 게 우리의 삶과 맞닿아 있어 더욱 감사함을 느낀다. 생의 모든 것에 경의하는 마음은 칩뽀를 만나지 않았다면, 함께 제주에 오지 않았다면 알지 못했을 것이다.

칩이는 제주에 온 후 식탐이 늘었다. 입이 짧고 식탐이 없어 늘 밥 한 그릇 먹이기가 힘들었는데 그런 과거가 기억나지 않을 만큼 먹성이 좋아졌다. 게다가 선천적으로 간이 작아 간 수치 안정을 위해 죽을 때까지 급여해야 한다던 약도 끊었다. 약을 먹지 않아도 일정선을 넘지 않는 수치가 이어져 의사의 처방 아래 약을 끊은 지 벌써 2년이 넘었다. 시선을 돌리면 바다와 오름이 있어 매일 자연 속에서 산책할 수 있고, 하루 종일 엄마와 내가 곁에 있어서 일까. 어쩌면 우리들은 제주에서 서로의 소망을 보게 된 걸지도 모른다.

　제주에서 보내는 여름을 세 번째 맞이한다. 사계절을 세 번씩 마주해도 같은 날은 하루도 없는 매일 새로운 풍경. 그 안에 내겐 숨 같은 엄마와 칩뽀가 있다. 우리는 매일 이 여름을 마시며 조금 유난스럽게 행복해한다. 쏟아져 내리는 저 별들처럼, 발갛게 물들어 밤을 선물하는 노을처럼, 마음의 고요를 주는 저 바다처럼 새파란 여름을 기대하며 살아가자.

summer

시련이 찾아오던 여러 날, 어쩔 줄 모르고 울기만 하던 나를 물끄러미 바라보며 체온을 나눠 주던 나의 작은 강아지, 나의 가장 좋은 친구들. 나를 돌봐줘서, 살게 해주어 고맙다고 덕분에 누나도 이만큼 자라 길가의 풀 한 포기까지 소중히 생각할 수 있게 되었다고 고마움을 전하고 싶어. 누나는 언제나 또렷한 애정을 담아 매일 너희의 밥을 지을게. 사랑해 고마워 칩뽀야!

여름 개시피

펫푸치노

달달한 단호박으로 펫푸치노를 만들어 작은 친구와 함께 홈 카페를 즐겨보세요.
부드럽고 달콤해 작은 친구들이 정말 좋아할 거예요.

재료
삶은 단호박 30g
락토프리 우유 40㎖
꿀 약간
캐롭 파우더 약간(생략 가능)

만드는 법
1. 푹 삶은 단호박의 껍질을 제거한 후 포크나 숟가락으로 단호박을 곱게 으깬다.
2. 으깬 단호박에 우유 20㎖와 꿀을 잘 섞는다.
3. 2의 혼합물을 먹기 좋게 그릇에 담는다.

2

4. 남은 우유 20㎖는 거품기로 거품을 내어 담아둔 혼합물 위에 높게 얹어준 다음, 캐롭 파우더를 체에 받쳐 뿌린다.

5. 달콤한 단호박 라테 완성!

4

TIP
- 단호박은 장내 유익 세균 생성에 도움을 주는 좋은 식재료지만 과급여 시 비만의 원인이 될 수 있으니 양을 조절해 주세요.
- 친구들이 묽은 변을 보거나 배탈이 났을 때 단호박이나 늙은호박을 푹 삶아 조금씩 급여하면 증상 완화에 도움이 됩니다.
- 친구들 대부분은 유당 불내증을 가지고 있으니 반드시 락토프리 우유를 사용해 주세요.
- 꿀에는 비타민, 미네랄 등이 풍부하게 함유되어 있어 소량 급여 시 피로 회복에 도움을 주지만, 첫 급여 시 반드시 알레르기 반응을 확인하는 것이 좋아요.
- 만드는 방법이 간단하니 소량씩 만들어 그때그때 급여해주세요.
- 칩뽀는 위 레시피의 용량을 둘이 나누어 먹어요.

summer

여름 개시피

미트볼 파스타

저는 파스타를 좋아해서 자주 만들어 먹는데,
칩뽀의 것도 함께 만들어서 같이 먹어요.
이 레시피에 소금만 첨가하면 사람도 맛있게 먹을 수 있답니다.
미트볼은 대량으로 만들어 냉동해두고 그때그때 해동해서 사용하면
더욱 간편하게 사용할 수 있어요.
같은 음식을 먹는다는 것. 작은 친구에겐 더없이 신나는 행복일 거예요.

재료

미트볼
돼지고기 안심 500g
채소 퓌레 120g (p.160 참고)

파스타
유기농 통밀 파스타 or 퀴노아 파스타 20g
미트볼 5~7개
미트볼 반죽 30g
방울토마토 3~4개
시금치 5g
올리브오일 약간

만드는 법

1. 돼지고기 안심을 곱게 갈아 준비한 후 채소 퓌레와 섞어 여러 번 치대준다.

2. 잘 섞인 반죽을 10g씩 떼어내 동그랗게 빚는다.

3. 미트볼을 팬에 넣고 올리브오일을 약간 두른 후 약불에서 굴려가며 노릇해질 때까지 익힌다.

4. 파스타는 끓는 물에 9분간 삶은 후 먹기 좋은 크기로 잘게 잘라둔다.

5. 방울토마토는 끓는 물에 데쳐 껍질을 벗기고 토마토 속 초록색 씨 부분은 제거한 후 잘게 다진다. 시금치는 어린 잎만 골라 잘게 다진다.

6. 팬에 올리브오일을 두르고 미트볼 반죽 30g과 방울 토마토를 함께 볶는다.

7. 미트볼 반죽과 토마토가 익으면 삶아둔 파스타와 시금치를 넣고 함께 볶는다.

8. 그릇에 담아 먹기 좋게 미트볼을 얹으면 완성!

summer

TIP
- 간혹 염분이 첨가된 파스타가 있으니 파스타 선택 시 꼭 성분표를 확인해 주세요. 유기농 통밀 파스타나 퀴노아 파스타를 추천해요.
- 귀여운 모양의 파스타를 이용해 만들면 친구에게 더 귀여운 한 접시를 선물할 수 있어요.
- 칩뽀는 한끼로 100g 내외씩 먹어요.

여름 개시피

토마토 달걀 볶음

토마토 달걀 볶음은 간식으로도 좋지만 사료나 자연식의 토핑으로도 훌륭해요.
토마토와 달걀이 만나면 감칠맛이 폭발한답니다.
미각이 섬세한 우리 집 작은 친구에게 건강한 감칠맛을 선물해보세요.

재료
동물복지 유정란 1개
방울토마토 3~4개
코코넛오일 or 올리브오일 약간

만드는 법

1. 방울 토마토를 씻은 후, 밑을 십자가로 칼집을 낸다. 그 다음 끓는 물에 데쳐 껍질을 벗기고 토마토 속 초록색 씨 부분은 제거한 후 잘게 자른다.

2. 팬에 오일을 두르고 토마토를 볶은 후 달걀을 넣어 토마토와 함께 스크램블 하듯 볶는다.

3. 그릇에 담아내 식힌 후 급여한다.

TIP
- 달걀은 체내 흡수율이 아주 높아요. 그러니 반드시 동물복지 유정란으로 준비해주세요. 친구들의 몸은 사람보다 훨씬 예민하고 식품 감수성이 높거든요.
- 코코넛오일로 볶으면 풍미가 더 좋아진답니다. 엑스트라 버진 코코넛오일을 구비해 놓으면 두루두루 잘 쓰일 거예요.
- 칩뽀 자연식 위 토핑으로 1~2스푼씩 급여해요.

여름 개시피

제주 채소 퓌레

강아지는 채소를 소화하는 능력이 약해요.
하지만 적당량 급여 시 필수 영양소인 비타민과 미네랄을 공급하고
필요한 식이섬유를 충족시켜 줍니다.
제철 채소와 과일을 이용해 만든 향긋한 퓌레를
생고기나 익힌 고기에 더해주는 것만으로도 근사한 한끼가 완성된답니다.

재료
- 단호박 1개
- 애호박 반 개
- 당근 중간 사이즈 1개
- 양배추 1/4통
- 브로콜리 반 개
- 바나나 2개
- 블루베리 한줌

만드는 법

1. 단호박은 껍질까지 사용하니 깨끗하게 세척하고 반을 갈라 씨를 제거한 후 쪄준다.
2. 당근은 꼭지 부분을 정리 후 깨끗이 세척하고 5cm 내외 크기로 잘라 쪄준다.
3. 양배추는 한 겹씩 따로 세척하여 끓는 물에 데친 후 물기를 꼭 짜준다.
4. 애호박은 깨끗이 세척한 후 5cm 내외 크기로 썰어 끓는 물에 데친다.
5. 브로콜리 윗부분은 식초를 넣은 물에 10분 이상 담가둔 후 깨끗이 세척한다. 브로콜리 밑동을 5cm 내외 크기로 자른 후, 밑동과 윗부분을 끓는 물에 데친다.

6. 바나나의 껍질을 벗겨두고 블루베리는 흐르는 물에 세척한다.

7. 익혀둔 채소들을 잘게 썰어준다. 이때 차퍼나 푸드 프로세서를 이용하여 가능한 잘게 썰어주는 것이 좋다.

8. 손질한 채소들을 잘 섞는다.

summer

TIP
- 가장 중요한 것은 세척! 흐르는 물에 꼼꼼히 씻어주세요.
- 제철 채소를 사용하면 더 건강한 퓌레를 만들 수 있어요.
- 여러 종류의 채소가 들어가지 않아도 괜찮지만 단호박은 꼭 넣어 주는 게 좋아요. 단호박은 채소의 소화 흡수를 돕고 맛도 좋아요. 특히 여름에 나오는 제주의 보우짱 단호박으로 퓌레를 만들면 더욱더 맛있답니다.
- 만들 때 손이 많이 가지만 대량으로 만들어 얼음 틀에 냉동해두면 여기저기 유용하게 쓰일 거예요.
- 채소 퓌레는 단독으로 급여하기보다는 고기에 더해주거나 다른 간식의 소스처럼 사용하면 좋아요. 미트볼이나 구운 고기에 소스처럼 얹어주면 맛있고 영양 가득한 한 끼가 완성될 거예요. 또 간단하게 닭가슴살이나 소고기를 구워 1~2스푼 얹으면 금세 근사한 한 끼가 완성된답니다!

여름 개시피

제주 삼색 치즈볼
단호박, 비트, 브로콜리

친구들도 치즈를 참 좋아한답니다.
쉽게 만들 수 있는 담백한 코티지치즈로 알록달록
예쁘고 맛있는 간식을 만들어 보아요.

재료

락토프리 우유 1.5L
유기농 사과식초 2~3스푼
삶은 단호박 30g
삶은 비트 10g
데친 브로콜리 30g

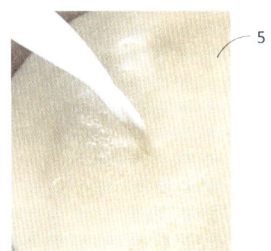
5

만드는 법

1. 단호박은 깨끗하게 세척한 후 반을 갈라 씨를 제거하여 푹 삶는다.

2. 비트는 껍질을 벗기고 세척한 후 적당한 크기로 잘라 푹 삶는다.

3. 브로콜리는 식초를 넣은 물에 10분 이상 담가둔 후 깨끗이 세척하여 끓는 물에 데친다.

4. 삶은 단호박과 비트는 숟가락이나 포크를 이용해 입자가 없게끔 곱게 으깨고 브로콜리는 잘게 다진다.

5. 냄비에 락토프리 우유 1.5L를 부어 중불로 데운다.

6. 냄비 가장자리에 기포가 생기기 시작하면 유기농 사과식초를 넣고 살살 저어 준다. 이때 우유가 뭉쳐지는 정도를 보며 식초를 가감한다.

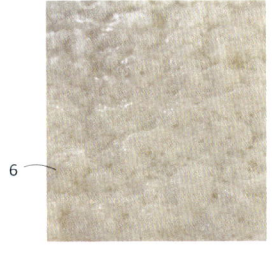
6

7

7. 불을 끄고 10분 이상 방치한 후 면포에 걸러 물을 빼 준다.

8. 완성된 코티지치즈를 3등분 하여 손질해둔 채소들과 섞은 다음, 작은 친구들의 한 입 크기로 동그랗게 빚어주면 완성!

summer

TIP
- 이대로 급여해도 좋지만 치즈를 둥글게 굴려 볼을 만들어서 에어프라이어 170도에 20분 정도 구워주거나, 식품건조기에 넣어 70도에서 3~4시간 정도 말려주면 외출 시에도 챙길 수 있는 간편한 간식이 됩니다.
- 통에 삼색 아이스크림처럼 담아 냉장고에 두었다가 칩뽀에게 아이스크림처럼 주기도 하고 자연식에 1티스푼 정도 더하기도 해요. 고소한 치즈에 달달한 채소가 더해져 정말 맛있어요.
- 보관기간이 짧으니 조금씩 만들어서 빨리 급여하길 추천해요

여름 개시피

닭고기 스무디

고구마를 싫어하는 친구가 있을까요?
양껏 먹이고 싶지만 고구마는 강아지를 살찌게 해요.
꼭 급여량을 조절해 주세요.
닭가슴살의 고소함과 고구마의 달콤함이 더해져 정말 맛있어요.
산책이나 목욕 후 수고한 작은 친구에게 선물해보세요.
시원해서 정말 좋아할 거예요. 간편하게 만들 수 있는 인기 간식이랍니다.

재료

닭가슴살 200g
그릭요거트 80g (p.118 참고)
찐 고구마 100g

만드는 법

1. 닭가슴살을 깨끗이 세척하여 삶은 후에 아주 곱게 다진다.
2. 찐 고구마 껍질을 벗긴 후 숟가락이나 포크로 으깬다.
3. 닭가슴살과 고구마, 그릭요거트를 섞어 밀폐용기나 얼음 틀에 담은 후 냉동실에 넣어 3시간 얼린다.
4. 살짝 언 스무디를 그릇에 담아 요거트나 캐롭 소스로 데커레이션 하면 맛있고 예쁜 디저트 완성!

TIP
- 캐롭 소스는 캐롭 파우더 반~1티스푼과 약간의 요거트를 섞어 만들어요. 꾸덕꾸덕해서 소스화되지 않으면 물을 약간 섞어주어도 좋아요.
- 냉동실에 넣어 둔 스무디가 꽝꽝 얼었다면 냉동실에서 꺼내 상온에서 10분 이상 방치해주세요. 녹으면서 스무디의 질감이 됩니다.
- 아이스크림 틀에 넣어 얼리면 맛있는 강아지 아이스크림이 되고, 치어백에 넣으면 산책할 때 챙겨나가기 좋아요. 얼린 스무디 치어백은 여름 산책에 더워하는 친구의 아이스 팩 역할도해서 일석이조랍니다.

Summer

여름 개시피

쿠스쿠스 샐러드

쿠스쿠스는 밥알보다 작은 파스타의 일종이에요.
친구들이 먹는 탄수화물이나 채소는 크기가 작을수록 좋아요.
쿠스쿠스 샐러드를 한 끼 식사로 급여할 때는 단백질 양에 신경 써주세요.
친구들에게 가장 좋은 영양소는 단백질이니까요.

재료

쿠스쿠스 15g
소고기 홍두깨살 50g
방울토마토 2개
채소 퓌레 20g(p.160 참고)
삶은 메추리알 2개
올리브오일 약간

만드는 법

1. 쿠스쿠스는 끓는 물에 5분간 삶는다.
2. 방울토마토는 십자가로 칼집을 낸 뒤, 끓는 물에 데쳐 껍질을 벗기고 초록색 씨 부분을 제거한 후 잘게 다진다.
3. 메추리알은 삶아서 껍질을 벗긴 후 4등분 한다.
4. 소고기 홍두깨살은 작게 잘라 팬에 볶는다.
5. 준비한 재료를 믹싱볼에 담고 채소 퓌레와 올리브오일 1티스푼을 넣어 잘 섞는다.
6. 먹기 좋은 그릇에 담아내면 완성!

TIP
- 채소 퓌레가 없다면 가지나 주키니호박을 잘게 썰어 익힌 후 넣어주면 좋아요.
- 차갑게 먹어도 따뜻하게 먹어도 맛있는 샐러드예요. 친구와 함께 드세요!
- 칩뽀는 한끼에 100g 내외로 급여하고 간식으로 급여시에는 1아빠숟가락 정도 급여해요.

여름 개시피

양상추롤

식이섬유와 수분이 풍부한 양상추는 부드러운 식감으로
손쉽게 급여할 수 있는 채소랍니다.
하지만 칼슘 흡수를 저해시키는 옥살산이 포함되어 있으니
한꺼번에 많은 양의 급여는 피해주세요!

재료
양상추 큰 잎으로 5~6장
오리안심 200g
채소 퓌레 50g(p.160 참고)

1

4

만드는 법

1. 양상추를 한 장씩 떼어 깨끗하게 세척한 후 두꺼운 부분을 밀대로 밀어 부드럽게 만든다. 밀대가 없다면 긴 유리병을 이용해도 좋다.

2. 양상추를 끓는 물에 넣어 10초가량 데쳐낸다.

3. 오리안심은 푸드 프로세서를 이용하여 곱게 간 뒤, 채소 퓌레와 섞어 잘 치대준다.

4. 양상추를 펼치고 그 위에 3을 30g씩 얹어준다.

5. 내용물이 새어 나오지 않도록 잘 감싸준 후 찜기에 올려 10분간 쪄낸다.

6. 양상추롤을 친구가 먹기 좋게 자른 후 그릇에 담아내면 완성!

TIP
- 한 끼 식사로도 좋은 양상추롤! 파프리카를 소량 넣어 쪄내면 풍미가 더 좋아진답니다.
- 달걀껍질 파우더(p.122참고)와 소량의 오메가3오일을 첨가해주면 특별한 한 끼가 완성됩니다.
- 칩뽀는 간식으로 급여 시 반~한 개씩 급여하고 한 끼로는 4~5개씩 급여합니다.

summer

여름 개시피

보우짱 단호박 에그 슬럿

보우짱 단호박은 주먹만 한 사이즈의 귀여운 단호박으로
밤호박이라고도 불린답니다.
제주에서 많이 생산돼요.
제가 사는 동네에서 생산되는 단호박은 특히 맛이 좋아요.

재료

보우짱 단호박 1개
오리안심 100g
동물복지 유정란 1개
유기농 아가치즈 1단계 1장

만드는 법

1. 보우짱 단호박을 깨끗하게 세척한 뒤, 통째로 전자레인지에 넣어 1~2분간 익힌다.

2. 단호박 꼭지 부분을 자른 후 숟가락을 이용하여 씨를 파낸다.

3. 파낸 부분에 잘게 썬 오리안심을 꾹꾹 눌러 채워주고 그 위에 달걀을 올린다.

4. 이쑤시개를 이용하여 달걀노른자를 터지지 않도록 주의하며 콕콕 찔러준다.

5. 전자레인지 전용 용기에 넣거나 랩을 씌워 전자레인지에서 5분간 익힌다.

6. 5의 위에 유기농 아기치즈를 올려준 후 1분간 추가 가열한다.

7. 충분히 식힌 후 조각내어 급여한다.

TIP
- 단호박은 껍질째 사용하므로 세척이 중요해요. 수세미나 헝겊을 이용해 꼼꼼하게 닦아주세요.
- 아기치즈 대신 염분과 첨가물이 들어있지 않은 모차렐라 치즈를 얹으면 비주얼도 맛도 더 좋아진답니다.
- 오리안심을 갈아서 사용하면 더 부드러운 맛을 느낄 수 있어요.
- 칩뽀는 한 끼 100~150g 정도 먹고 간식으로 먹을 때는 손가락 하나 정도의 양을 급여해요

너는
내가 가진
가장 길고 따뜻한
이야기

개시피

1판 1쇄 인쇄	2021년 5월 10일
1판 1쇄 발행	2021년 5월 17일
지은이	김지현
펴낸이	김기옥
실용본부장	박재성
편집 실용 2팀	이나리, 손혜인
영업·마케팅	김선주
커뮤니케이션 플래너	서지운
지원	고광현, 김형식, 임민진
디자인	onmypaper
인쇄·제본	민언 프린텍

펴낸곳   한스미디어(한즈미디어(주))
주소 121-839 서울시 마포구 양화로 11길 13(서교동, 강원빌딩 5층)
전화 02-707-0337 | 팩스 02-707-0198 | 홈페이지 www.hansmedia.com
출판신고번호 제313-2003-227호 | 신고일자 2003년 6월 25일

ISBN   979-11-6007-610-3 13590

이 책은 저작권법에 따라 보호받는 저작물이므로 무단 전재와 무단 복제를 금지하며,
책의 전부 또는 일부를 사용하려면 반드시 저작권자와 한스미디어(주)의 서면 동의를 받아야합니다.
이 책에 게재되어 있는 레시피를 복제하여 판매하는 것은 금지되어 있습니다.

책값은 뒤표지에 있습니다.
잘못 만들어진 책은 구입하신 서점에서 교환해 드립니다.